KÖSZÖNETNYILVÁNÍTÁS

Hálásan köszönöm feleségem Judit kitartó támogatását és türelmét, ami felbecsülhetetlen segítségnek bizonyult e mű megszületésében. Szintén köszönet illeti szüleimet, nővéremet és családom többi tagját. Köszönettel tartozom barátomnak Dr. Pilisi Bélának, aki a könyv megírásához tanácsaival járult hozzá, és Thomas Andersonnak a rendelkezésemre bocsájtott felvételekért. Végül, de nem utolsó sorban külön köszönetet szeretnék mondani Pánczél Mátyásnak lektorálási munkájáért.

ACKNOWLEDGEMENT

I am truly thankful to my wife Judit, her lasting support and patience, which proved to be an invaluable help in the creation of this publication. Also many thanks to my parents, sister and other family members. I owe thanks to my friend Dr. Béla Pilisi, whose advice assented in the writing of this book, and to Thomas Anderson's contribution of photographs for my behalf. Last but not least, I would like to especially thank Mátyás Pánczél for his proofreading.

ELŐSZÓ

A második világháborúban bevetett harckocsik történetével foglalkozó könyvsorozatunk első kötete a szovjet tervezésű T-34-essel foglalkozik. A téma megközelítése nem a szokványos történeti leíráson keresztül zajlik, hanem a hangsúlyt a könyvben fellelhető 103 darab nagyméretű kép elemzésére fektettem, némi történeti háttérrel megfűszerezve. A T-34-es egyike a világ legnagyobb számban gyártott tankjainak, amely a Vörös Hadsereg páncélos erejének gerincét képezte az 1941 és 1945 között dúló harcok során.

A T-34-es közepes harckocsi megszületését Mihail Iljics Koskin harkovi tervezőnek köszönhetjük, aki a BT páncélosokat felhasználva megtervezte ezt a kiváló harcjárművet. A két prototípus 1940 januárjára készült el, amelyek tesztelése után az első sorozatban gyártott harckocsik 1940 szeptemberében gördültek le a harkovi gyár futószalagjairól.

Kialakításánál fogva a T-34-es messze felülmúlta minden kortársát, mind a páncélvédettségben, mind pedig a terepen való mozgékonyságában. Bár a sztálingrádi üzem már 1940 végén bekapcsolódott a tömeggyártásba, az itt termelt első T-34-esek csak 1941 elején kerültek átadásra. 1941 őszén a harkovi üzemet evakuálták az Urálban elhelyezkedő Nyizsnyij Tagilba, majd 1942 végén a sztálingrádi gyárban is fel kellett hagyni a gyártással. 1941 júliusában egy, 1942 nyarán további három üzem kezdte meg a termelést a frontvonaltól biztonságos távolságban. Ezek a gorkiji 112-es számú, az omszki 174-es számú, a cseljabinszki és a szverdlovszki gyárak voltak.

A háború alatt az eredeti változatot folyamatosan fejlesztették, modernizálták. A T-34-es gyártása a kezdeti időszakot leszámítva igen silány minőségű volt, ami gyakori meghibásodáshoz és anyagfáradáshoz/-töréshez vezetett. Kezdetben ehhez a problémához társult a személyzet képzetlensége és a parancsnokok hozzá nem értése. Ezek az okok együttesen eredményezték a Vörös Hadsereg által elszenvedett hatalmas veszteségeket.

A T-34-es két fő típusát különböztethetjük meg az alkalmazott fegyverzet alapján. Ezek a T-34/76 és a T-34/85. Mindkét típus tovább bontható alváltozatokra, aminek alapját a hét különböző gyártó által alkalmazott kisebb-nagyobb szerkezeti módosítások képezik. Ez a kategorizálási forma az utóbbi években vált népszerűvé, így én is ezt fogom alkalmazni. A könyvben használt rövidítések egyszerűbb megértése érdekében, a T-34-est gyártó hét üzem elnevezése:

183-as gyár	Harkovszkij Traktornyij Zavod	Harkovi Traktorgyár	Harkov
STZ	Sztalingradszkij Traktornyij Zavod	Sztálingrádi Traktorgyár	Sztálingrád
112-es gyár	Krasznoje Szormovo	Vörös Szormovó	Gorkij
UZTM	Uralszkij Zavod Tyazhelogo Masinosztrojenya	Urali Nehéz-gépgyár (Uralmas)	Szverdlovszk
UTZ, 183-as gyár	Uralszkij Tankovij Zavod	Urali Harckocsigyár	Nyizsnyij Tagil
CzKZ	Cseljabinszkij Kirovszkij Zavod	Cseljabinszki Kirov Gyár	Cseljabinszk
174-es gyár		Vorosilov Gyár	Omszk

T-34-es gyártási statisztikája üzemek szerinti bontásban:

T-34	1940	1941	1942	1943	1944	1945	Összesen
Harkov	117	1560					1677
Sztálingrád		1250*	2520				3770
Nyizsnyij Tagil		25	5684	7466	8421	7356	28952
Gorkij		161**	2718	2851	3619	3255	12604
Cseljabinszk			1055	3594	445		5094
Omszk			417	1347	2163	1940	5867
Szverdlovszk			267	452			719***
Összesen	117	2996	12661	15710	14648	12551	58683

Forrás: Robert Michulec: T-34 Mythical Weapon. Orosz forrás alapján: *1256, **173,***736

Bár a T-34-es történetéről több száz oldalon keresztül lehetne értekezni, én megpróbáltam itt a legfontosabb információkat összegyűjteni és közre adni. *A kiadvány olvasásához jó szórakozást kívánok!*

Kocsis Péter

INTRODUCTION

Our book series deals with the deployed tanks from World War II. This first volume concentrates on the T-34, designed by the Soviets. The subject's approach doesn't happen in a customary history description, although I emphasized on the analisys of the 103 large sized photographs in this book and combined with some historical background information. The T-34 is one of the tanks produced in the largest amount in the world, which formed the Red Army's spine during the raging fights, between 1941 and 1945.

We can thank the Kharkov engineer, Mihail Iljics Koskin for the creation of the T-34 medium tank, this excellent armoured fighting vehicle, its design based on the BT tanks. After testing the two prototypes which were finished in January 1940, the first series assembled tanks wheeled down Kharkov's production line in September 1940.

By its construction, the T-34 surpassed all contemporaries, both in the armour protection and in the mobility on the field. Although the Stalingrad factory joined mass production in the end of 1940, the here produced first T-34s were only consigned in the beginning of 1941. In the fall of 1941, the Kharkov factory was evacuated to Nizhniy Tagil in the Ural, then in the end of 1942 the production in the STZ Factory had to be abandoned. One plant in July of 1941, further three in the summer of 1942 started the assembling in a safe distance from the front line. These were the No. 112 Factory at Gorky, the No. 174 Factory at Omsk, and the factories at Chelyabinsk and Sverdlovsk.

During the war, the original version was continuously developed and modernized. The production of the T-34, not including the early types, was poor quality, which led to breakdowns and material breakage. Initially this problem was associated with the crew's lack of education and the commanders' incompetence. Through these reasons altogether the Red Army suffered great losses.

We can compare two main versions of the T-34, by the used armament. These are the T-34/76 and the T-34/85. Both types are further divided to subversions, based on the constructive modifications used by seven different factories. This categorization form became popular in the later years, so I will use this too. For the interest of better understanding the short forms used in this book, the names of the seven factories who produced the T-34:

No. 183 Factory	Charkovskiy Traktornyj Zawod	Kharkov
STZ	Stalingradzkiy Traktornyj Zawod	Stalingrad
No. 112 Factory	Krasnoye Sormovo	Gorky
UZTM	Uralskiy Zawod Tyazhelogo Mashinostroyenya	Sverdlovsk
UTZ, No. 183 Factory	Uralskiy Tankovyj Zawod	Nizhniy Tagil
CzKZ	Czelyabinskiy Kirovskiy Zawod	Chelyabinsk
No. 174 Factory	Voroshilov Plant	Omsk

Table of the T-34's production, categorised by the factories:

T-34	1940	1941	1942	1943	1944	1945	Total
Kharkov	117	1560					1677
Stalingrad		1250*	2520				3770
Nizhniy Tagil		25	5684	7466	8421	7356	28952
Gorky		161**	2718	2851	3619	3255	12604
Chelyabinsk			1055	3594	445		5094
Omsk			417	1347	2163	1940	5867
Svierdlovsk			267	452			719***
Total	117	2996	12661	15710	14648	12551	58683

Sources: Robert Michulec: T-34 Mythical Weapon. Based on Russian sources: *1256, **173, ***736

Although hundreds of pages could be lectured about the T-34, I have tried to gather the most important information and acquaint it. *I wish for you to enjoy reading this publication!*

Péter Kocsis

T-34/76

A képen egy feltehetően 1940 májusában, Harkovban gyártott T-34 (A-34)-es látható, amely a rendelkezésre álló források alapján valószínűleg a 4. gépesített hadtestben szolgált a Barbarossa hadművelet megindításának idején. A páncélos az A-34-es jellegzetességeit mutatja, mint például a torony hátsó részére helyezett antenna, a szimmetrikusan oldalirányú kinézőnyílások, az egy darabból öntött frontpáncél és a tető búvónyílására rögzített, 360 fokban forgatható parancsnoki prizma (PP).

In this picture you can see a T-34 (A-34), produced at Kharkov probably in May of 1940, which served in the 4. Mechanized-Corps during the beginning of the Operation Barbarossa. The tank shows the specifics of the A-34 version. For example, the antenna socket placed on the back of the turret, the symmetrical sideways facing vision ports, the one-piece frontal armour plate and the panoramic vision periscope (POP) mounted on the roof's hatch.

A fenti T-34-es szintén egy korai harkovi változat. Az öntött toronyba rövid csövű 76,2 mm-es L-11-es löveget szereltek, amelyet 1941 márciusában felváltott az új F-34-es. A búvónyílásra felfestett fehér háromszög a levegőből történő könnyebb azonosítást tette lehetővé a légierő számára. A megkülönböztető jelzés használata óriási hibának bizonyult, hiszen a német zuhanóbombázók könyörtelenül kihasználták légifölényüket 1941 nyarán, és számtalan harckocsit semmisítettek meg.

This T-34 is also an early version, assembled at Kharkov. The cast turret was mounted with a short barreled L-11 76,2 mm gun, which was changed up with the new F-34 in March 1941. The white triangle painted on the turret's hatch, made identification easier for the friendly airforce. Using this sign was a great mistake, because the German dive bombers relentlessly exploited their air superiority in the first period of the fights and destroyed numerous tanks.

1940 őszén gyártott harkovi T-34-es Lvov (mai nevén Lviv) utcáján. A várost a Barbarossa hadművelet első napjaiban szállták meg a német csapatok, és egészen 1944. július 27-ig uralmuk alatt tartották. A motortér tetőpáncélzatára tartalék erőátviteli egységet helyeztek el, annak gyakori meghibásodása miatt.

A T-34 produced during the fall of 1940 at Kharkov, on the street of Lvov (now called Lviv). The Germans captured the city in the first days of the Operation Barbarossa, and kept it occupied until July 27, 1944. A spare transmission was installed onto the rear engine cover, by reason of frequent technical breakdown.

1941. Tarnopol. A képen egy feltehetően SturmGeschütz III által mozgásképtelenné tett harkovi T-34-es látható, vontatásra előkészítve. Az A-34-essel ellentétben itt már megjelent a három darab elemből álló, szegecselt frontpáncélzat, amelynek gyártása költséghaté- konyabb és egyszerűbb volt. Az 1941-es torony búvónyílásáról már eltávolították a PP-t és befedték annak nyílását. A páncéltest a korai változat késői gyártása.

1941. Tarnopol. A T-34 produced at Kharkov, presumably knocked out by a Sturmgeschütz III, and prepared for towing. Opposite the A-34, it shows the three-piece bolted frontal armour plate, which production was easier and cheaper. The POP periscope was removed from the 1941 type turret's hatch, and its slit was covered. The hull is an early version's late production.

Hó lepte T-34-es, 1940-es hegesztett toronnyal és az új löveggel. Az F-34-es jobb páncélát-ütési képességgel rendelkezett a lövedék magasabb kezdősebességéből adódóan, mint a korábban alkalmazott L-11-es. Ezen tulajdonsága miatt a szovjet harckocsizók körében hamar kedveltté vált. A páncéltest szintén 1940-es típus, de már antennával szerelték fel azt. Ezek alapján szinte biztos, hogy ezt a példányt folyamatosan modernizálták, átépítették.

Snow covered T-34 with a 1940 type welded turret and the new gun. The F-34 gun had better armour penetration ability, based on the ammunition's higher muzzle velocity then the earlier used L-11. Because of this feature, it became well liked by the Soviet tank crewmen. The hull is also a 1940 type, but it was equipped with an antenna. It is most likely, that this tank was continuously modernized and rebuilt.

Ezt az 1941-es harkovi modellt egy belső robbanás tette harcképtelenné. A háború első éveiben a szovjetek csak kevés páncélosukat tudták ellátni rádióberendezéssel. A képen látható, feltehetően parancsnoki T-34-es a kevés kivételek egyike, amelynek antennája a páncéltest jobb oldali részén kapott helyet.

This 1941 model produced at Kharkov, was made unfit for fight by an internal explosion. In the first years of the war the Soviets equipped only a few of their tanks with radio. The T-34 seen in this picture – probably a command type – is an exception, its antenna placed on the right hand side of the hull.

Author's Collection

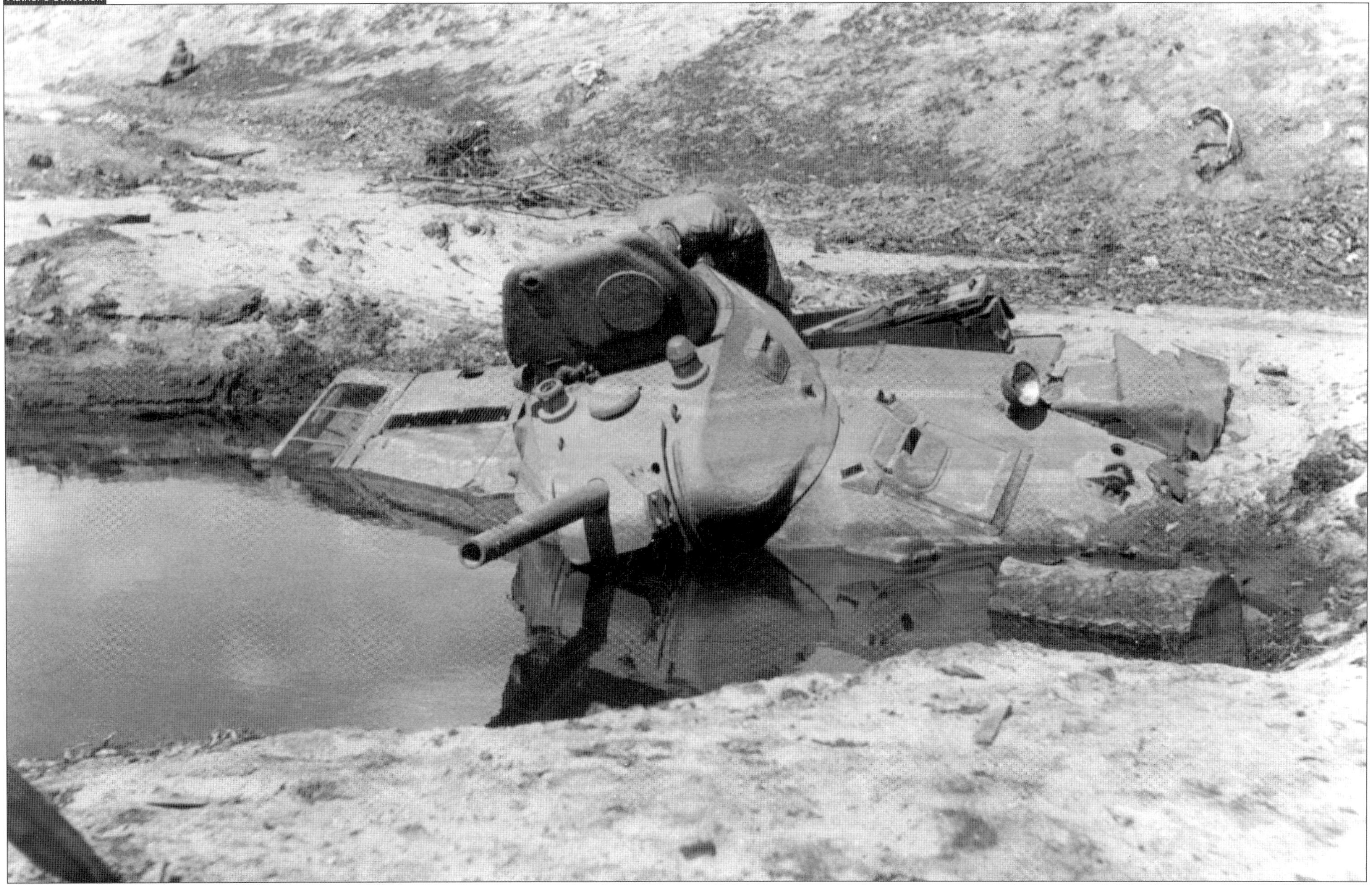

Folyóba hajtott T-34-est vizsgál egy német katona 1941 júliusában Zelva mellett. Megfigyelhető a meghosszabbított sárvédő és a kettő darab periszkóp a torony tetőpáncélzatán.

A German soldier is observing a T-34, which drove into a river in July 1941 near Zelva. Note the extended mud protectors and the double periscope on the turret's roof.

STZ T-34-es gázol át egy Pak 38-as páncéltörő ágyún. Első ránézésre ezt a T-34-est a páncéltest alapján harkovi gyártású harckocsinak nézhetnénk, de a lánctalp és a torony típusa miatt ezt a lehetőséget kizárhatjuk. A felvétel készítésének ideje 1942 tavaszára tehető, a torony jobb felső részén még nyomokban fellelhető különleges téli álcázófestés alapján. Érdekesség a lehegesztett antennaház, s a kettő bemeneti nyílás a lövegpajzs front részén.

Here an STZ T-34 drives through a Pak 38 anti-tank gun. At first glance we can presume this is a Kharkov factory's product, but based on the track's and turret's type we can rule out this possibility. This photograph was shot during the spring of 1942, because a special winter camouflage can be seen on the turret's upper right side. The antenna's welded position and the two hit marks on the gun mantlet are interesting.

Ezt az 1941-es Harkovban gyártott T-34-est valószínűleg a visszavonuló szovjet csapatok tették harcképtelenné a lövegcsőbe helyezett robbanóanyaggal. Jól látható a vezető megnagyobbított búvónyílása, a korai, 74 darab lánctagból álló lánctalp és a futógörgők. A kép feltehetően egy javító üzem udvarán, esetleg a harkovi gyár elfoglalásakor, 1941 őszén készült.

The retreating Soviet units made this T-34, assembled at Kharkov in 1941, unfit for fight by placing explosives into the gun barrel. Note in the first half of 1941 enlarged driver's hatch, the early tracks consisting of 74 links and the rubber rimmed road wheels. This picture was probably taken on a repair workshop's field, maybe during the capture of the Kharkov plant in the fall of 1941.

Német közlegény vizsgálgatja a T-34-esben használt 76,2 mm-es UOF-354M (OF-350) típusú repeszromboló gránátot. Az egyik találat a torony jobb oldalának hátsó részét érte. A 17-es számot a torony hátsó lemezére festették fel. A fenti harckocsi egy 1941-es harkovi változat.

A German private soldier examining the T-34's UOF-354M (OF-350) HE ammunition. One of the hits reached the turret's right plate. The turret number 17 was painted on the rear armour plate. This tank is a 1941 version produced at Kharkov.

1941-es típusú harkovi T-34-es kiégett roncsa öntött toronnyal, aminek tetőpáncélzatán kettő darab periszkóp látható. A páncélos bal oldalára eredetileg öt darab külső pótüzemanyagtartályt csatoltak fel, amelyek közül a két hátsó hiányzik. Ezek érdekessége, hogy míg a páncéltest 1941-es típusú addig az üzemanyagtartályok 1940-es változatok. A tornyon lévő taktikai jelzés egy felfelé irányuló ék alak, középen egy 1-es számmal.

1941 type of a T-34's burned out wreck, with double periscope cast turret. Originally five additional fuel tanks were mounted onto the left side of the tank, however two from the back are missing. Interesting, that while the hull is a 1941 version, the fuel tanks are a 1940 type. The tactical symbol on the turret is an upwards direction peg shape with number 1 in the middle.

Ugyan azon páncélos dandár T-34-ese, amit csupán 40-50 méterre az előzőtől semmisítettek meg. Figyeljük meg a félbe tört lövegcsövet, és a nagy hő hatására eldeformálódott külső pótüzemanyagtartályokat.

T-34 from the same tank brigade, which was destroyed mere 40-50 meters from the previous tank. Pay attention to the broken gun barrel, and to the deformed additional fuel tanks due to heat effect.

Fent és jobbra: A két képen egy zsákmányolt 1940-es harkovi T-34-es látható L-11-es löveggel. A torony bal oldalára a pisztolylőrés mellé helyezték a hadosztályjelzést (valószínűleg 3. páncélos hadosztály), a hátsó részére pedig a 71-es toronyszámot festették fel. Feltehetően a baráti repülőgépek miatt fehér színű búvónyíláson PP periszkóp látható.

Above and right: These two pictures show a captured, early T-34 produced in 1940 at Kharkov, probably from the 3. Panzer-Division, with an L-11 gun. The division symbol was placed on the turret's left side beside the pistole port. Turret number 71 was painted onto the back of the turret. POP periscope is visible on the white turret's hatch.

Fent és jobbra: Elöl, illetve oldalnézetből láthatjuk egy harkovi T-34-es maradványait. Megfigyelhető a motorházból félig kiálló V-2-es motor. A találat nyomai fellelhetőek a földön heverő tornyon és a külső üzemanyagtartályokon. A lövegpajzson látható bemeneti nyílás valószínűleg egy 5 cm-es lövedéké, ám a végzetes találatot egy repülőgép, vagy egy nagy kaliberű tüzérségi eszköz okozhatta.

Above and right: Front and side view of a T-34's wreck, produced at Kharkov is visible. Note the V-2 engine half sticking out of the engine compartment. The shot's mark can be seen on the turret that is laying on the ground, and on the additional fuel tank. The hit on the gun mantlet was most likely caused by a 5 cm armour-piercing ammunition, but the deadly enemy was either an airplane or heavy artillery gun.

Ezen a képen egy Gorkijban, 1942. első hónapjaiban, a 112-es számú Krasznoje Szormovo üzemben gyártott T-34-es látható. Az öntött tornyon lévő „Tertel" feliratot a németek festhették fel, és arra a személyre utalhat, aki kilőtte ezt a tankot. Lehetséges, hogy ez a katona a 165. motorkerékpáros zászlóalj 3. századában (3./Kradschützen-Bataillon 165) szolgált Ernst Tertel, akit a Német Kereszt arany fokozatával tüntettek ki?

In this picture a T-34 produced in No. 112 Factory Krasnoye Sormovo, at Gorky in the first months of 1942 is shown. On the welded turret you can see the „Tertel" label, which was probably painted by the Germans, and it's hinted to whom knocked out this tank. Is it possible that this soldier is Ernst Tertel who served in the 165. motorcycle battalion 3. company (3./Kradschützen-Bataillon 165), and was awarded with the German Cross in Gold?

8 db STZ gyártású T-34-es sorakozik a Sztálingrádba vezető vasúti sínpár mellett 1942 nyarán. Valószínűleg a németek vontatták ide, hogy később elszállítsák őket. Az első tank mellett egy ideiglenes fedezékül szolgáló bunkert építettek ki.

Eight STZ T-34s are lined up next to a rail track leading to Stalingrad, during the summer of 1942. Perhaps the Germans towed them here, so that they could later transport them. A temporary defence bunker was built beside the first tank.

Kilőtt STZ T-34-es egy búzamező közepén. A toronyra az „Előre!" szlogent írták. Jellegzetesek a Sztálingrádban gyártott páncélosoknál a teljes fém futógörgők, amiket a gumihiány miatt vezettek be 1941 második felében. A lövegpajzsot a bal oldalon találat érte, ezért homloklapja kiszakadt.

A knocked out STZ T-34 in the middle of a wheat field. The „Forward!" slogan was written on the turret. These steel wheels with internal shock absorbers are characteristics of the tanks produced at Stalingrad, which was introduced in the second half of 1941, due to the lack of rubber. The gun tube recuperator shield broke out, because the armoured gun mantlet was hit on the left side.

Ezen a képen kiválóan megfigyelhető az STZ változat 1942-es tornya, amit a sztálingrádi 264-es számú üzemben állítottak elő.

In this picture the STZ version's 1942 turret can clearly be seen, which was produced in Stalingrad in the No. 264 Factory.

Szállítás közben bombatámadás érte ezt az 1942-es STZ T-34-est, amely így sohasem érkezhetett meg kijelölt egységéhez. A találat következtében a vasúti kocsiról oldalára dőlt, egyenesen a bombatölcsérbe, illetve leszakadt a torony búvónyílása is.

During transportation this STZ T-34 produced in 1942 suffered a bomb attack, so it never reached its assigned unit. Because of the hit this tank fell off the wagon onto its side straight into the bomb crater, and the turret's hatch tore off.

Csata utáni tájkép két KV-1 és egy STZ T-34-essel Sztálingrád körzetében, 1942 szeptemberében. Egy robbanás miatt a torony és a motortér teljes tetőpáncélzata lerepült a helyéről. 1941 őszétől kezdve az STZ üzem vált a T-34-es fő gyártójává, mivel a harkovit áttelepítették Nyizsnyij Tagilba a fenyegető német előretörés miatt. Ebben az üzemben a termelés beszüntetéséig 1941-ben 1250 db, 1942-ben pedig 2520 db T-34/76-os készült el.

Landscape after the battle, with two KV-1s and one STZ T-34 in the area of Stalingrad in September of 1942. Due to an explosion the welded turret and the whole engine cover blew off its place. From the fall of 1941 the STZ Factory became the main producer of the T-34, because the plant at Kharkov was evacuated to Nizhniy Tagil, due to the threatening of the German advance. Here, until the end of the production, 1250 T-34/76s in 1941 and 2520 in 1942 were assembled.

Fent és jobbra: Ezen a két felvételen két darab STZ T-34-est láthatunk 1942 elején a Krím-félszigeten, egy sikertelen szovjet ellentámadás után. Mindkét páncélos tornyán és testén megfigyelhetők a fehér téli álcázó festés maradványai, illetve a jobb oldali harckocsi bal oldali páncéllemezén öt darab találat nyomai.

Above and right: Two STZ T-34s can be seen in early 1942 at Crimea, after an unsuccessful Soviet counter attack. The remains of the white camouflage painting on both tanks' hull and turret, and traces of five hits on the right tank's left side armour plate are noticable.

Author's Collection

Fent és jobbra: További két felvétel a Krímből. Az oldalpáncélzaton elhelyezett fém csatokkal rögzítették a külső pótüzemanyagtartályokat. Érdekesség, hogy a toronygyűrű a helyén maradt, holott általában egy robbanás esetén a toronnyal együtt szokott elválni a törzstől. A jobb oldali kép hátterében egy másik T-34-es, illetve egy BT könnyű harckocsi látható.

Above and right: Another two photographs from the Crimean battles. Note, the steel brackets on the side plate of the hull, with which the external fuel tanks were fastened. Interesting, that the turret's ring remained in its place, although in case of an explosion, generally the turret rips together with the ring from the hull. In the background of the right picture a T-34 and a BT light tank can be seen.

1941-es gyártású harkovi T-34-es. A jobb oldali láncfeszítő görgő hiányzik. Ennek ellenére a lánctalpat visszaszerelték, hogy vontatható maradjon a jármű. A Barbarossa hadművelet kezdeti időszakában a német csapatok néhány tíz darab működőképes T-34-est zsákmányoltak.

T-34 produced in 1941, at Kharkov. The right idler wheel is missing, but the tracks were remounted, so that the tank can remain movable. In the beginning of Operation Barbarossa the German units captured several, ten operational T-34s.

Három német katona pózol a kamerának 1941/42 telén Lesski faluja mellett. A torony egy darabból készült búvónyílásának ajtaja nem volt túl praktikus, hiszen nyitott állapotban a parancsnokon kívül a töltőkezelő is sebezhetővé vált, egyben akadályozta a szabad kilátást. A korai szegecselt frontpáncélzaton látható vezető búvónyílása az 1941 őszétől használt változat. Mivel a torony sztálingrádi gyártmány, lehetséges, hogy a páncéltestre kevéssel a harkovi üzem evakuálása után szerelhették fel azt?

Three German soldiers posing for the camera, in the winter of 1941/42 near Lesski. The one-piece turret's hatch wasn't too practical, because when it was opened, both commander and loader could be wounded, and it blocked the vision. On the early bolted frontal armour plate visible driver's hatch was used from the fall of 1941. Since the turret is a product of STZ, is it possible that it was mounted onto the hull, shortly after the evacuation of Kharkov plant?

Ennél az 1942-es STZ T-34-esnél hiányzik mindkét első sárvédő. Semmi jel nem utal arra, hogy a bekövetkezett belső robbanás miatt veszíthette el azt. Valószínűbb, hogy idő- és anyagmegtakarítás céljából fel sem szerelték őket. A találat a test frontpáncéljának élénél előről hatolt be.

Both of the front fenders on this 1942 version of a STZ T-34 are missing. There are no signs hinting that the internal explosion didn't blow them off. Most probably it wasn't even mounted on to save time and material. The hit entered from the front, by the armour plates' fitting.

Ritka kép egy 1942 elején, a Moszkva melletti csatákban kilőtt T-34-esről, amit a harkovi üzemben gyártottak le. A tank a különleges téli álcázófestésen kívül öt részből álló kiegészítő páncélzatot is kapott, amelyet már Nyizsnyij Tagilban hegeszthettek fel rá. A torony far része egy robbanás következtében kiszakadt a helyéről.

Rare photo of a knocked out T-34 manufactured at Kharkov, in the battles near Moscow early 1942. Besides a unique winter camouflage painting, the tank has received an additional five-part armour plate set, which was already welded at Nizhniy Tagil. The turret's back wall tore out of its place because of an explosion.

Bár az előző képen takarásban van, de ez a T-34-es a két faház közötti részen áll, amit szintén a 183-as üzemben állítottak elő, és szereltek fel extra páncélzattal. Mindkettő toronynál eltávolították a töltőkezelő periszkópját.

Even though it's hidden in the previous picture, this T-34 produced in No. 183. Factory, is standing between two houses, and mounted with an additional armour set. The loader's periscope was removed from both turrets.

1941-es T-34-es modell, a torony tetőpáncélzatán két periszkóppal. Mivel a bal oldali páncéllemez hiányzik, szemügyre vehető a T-34-es belső üzemanyagtartálya. A harckocsira szerelt lánctalpat 1941 őszétől gyártották, amit eredetileg a T-34M-hez terveztek. A T-34M egy továbbfejlesztett változat lett volna, de az átállás költsége és az ebből eredő lassabb T-34-es gyártás miatt a projektet törölték.

A 1941 model of a T-34, with a two periscope turret. Because the left armour plate is missing, the T-34's interior fuel tank is visible. The mounted tracks on the tank were produced from the fall of 1941, which were originally designed for the T-34M. The T-34M was supposed to be a modernized version, but due to the cost of the production's reorganization and slower assembling of the T-34, the project was terminated.

Jobbra, 41. oldal: Ezen a két felvételen 1941-es gorkiji T-34-est látunk egy vasútállomás mellett, amellyel feltehetően egy légicsapás vagy nagy kaliberű tüzérségi gránát végzett. A találat a páncéltest hátsó részét érhette, hiszen az egész hátsó és bal oldali páncéllemez hiányzik, illetve a szétroncsolódott motortér teljesen kiégett.

Right, page 41: On these two pictures, a 1941 version of a T-34, produced at Gorky can be seen beside a railway station, which was knocked out by an airforce strike or heavy artillery fire. The hit must have reached the hull from the back, therefore the entire back and left side of the armour plate are missing. The destroyed engine compartment completely burned out.

Korai harkovi gyártású T-34-es a Podielszki melletti erdőkben, 1942 áprilisában. A torony hátsó részén elhelyezett taktikai jelzés téglalap alakú. Benne az 1-12-es számjegyek szerepelnek.

An early T-34 produced at Kharkov, in the forest near Podielski in April 1942. The tactical symbol on the turret is a rectangular shape. Digits 1-12 are written inside.

STZ T-34-es és KV-1-es áll egymás mellett elhagyatva egy orosz falu főutcáján. A bal oldali páncélos toronyszáma 631. Tisztán látható az erre a gyárra jellemző oldalsó- és hátsó páncéllemez összeillesztésének módja, amit 1941 őszén vezettek be Sztálingrádban. Ezt a megoldást alkalmazták a 112-es üzemben is, azzal a különbséggel, hogy ott csak a front- és oldalpáncél csatlakozásánál használták, a farpáncélnál nem.

Dual of a STZ T-34 and KV-1 standing next to one another, abandoned on the main street of a Russian village. The left hand side tank's turret number is 631. The fitting of the side and rear armour plate, characteristic of this factory is clearly visible, which entered production during the fall of 1941 at Stalingrad. This solution was also applied in No. 112 plant, with the exception, that here it was used only for the fitting of the frontal and side armour plate, but not on the rear.

SchturmGeschütz III Ausf. A-nak ütközött STZ T-34-es 1941 októberében, amit a németek éppen készülnek elvontatni. A páncéltest oldalsó lemezén egy négyes szám látható, ami fehér vagy sárga színű lehetett.

STZ T-34 crashed into a SchturmGeschütz III Ausf. A in October 1941, that the Germans are preparing to tow. Number four is visible on the side of the hull, which was painted in either white or yellow.

Németek által átépített 1941-es harkovi T-34-es és kezelőszemélyzete. Figyeljük meg a parancsnoki kupolát (amely valószínűleg egy Pz.Kpfw. III Ausf. J vagy egy Pz.Kpfw. IV Ausf. F-ről származik), a vezető búvónyílása mellett felszerelt Notek lámpát és a test front-, illetve oldalpáncéljára erősített tapadó és tányéraknákat. A kopott téli álcázó festés alól előbukkan a német felségjelzés, azaz a „balkenkreuz".

A 1941 model of a T-34 and its crew, produced at Kharkov, and reconstructed by the Germans. Note the commander's cupola (which most likely came from a Pz.Kpfw. III Ausf. J or a Pz.Kpfw. IV Ausf. F), the mounted notek lamp beside the driver's hatch, and on the hull's front and side armour plate fixed limpet- and anti-tank mines. The German „balkenkreuz" appears from under the worn winter camouflage painting.

A fenti kép 1941 novemberében készült a volhovi előretörés idején. Ezt a korai gyártású T-34-est a német csapatok igen hamar használatba vették, hiszen a Szovjetunió megtámadása óta csupán 5 hónap telt el. Szükség is volt az összes hadra fogható zsákmányolt harcjárműre, mivel ebben az időszakban a páncélátütési képességet illetően a német harckocsik hátrányban voltak a szovjet T-34-esekkel szemben.

The above picture was taken in November 1941, during the advancement in Volhov area. The German units took this early T-34 to use very quickly, why only five months passed since the Soviet Union's attack. All the captured, able to fight vehicles were necessary, because in this time the German tanks were disadvantaged against the Soviet T-34s, concerning the armour penetration ability.

A gorkiji 112-es számú üzemben gyártott T-34-esek egyik fő jellegzetessége, hogy a tornyon és a páncéltesten is kapaszkodókat helyeztek el, megkönnyítve a gyalogság szállítását. A fenti T-34-esen jól láthatóak ezek az ismertető jegyek. A harckocsi farpáncélját lehajtották, így szemügyre vehető a kiégett motortér belső felépítése.

Characteristics of the T-34 produced in the No. 112 Factory at Gorky, are the mounted handrails on the turret and hull, making the transportation of infantry easier. On the above T-34 these earmarks are clearly visible. The rear armour plate was pulled down, so the engine compartment's interior construction is observable.

Másik, szintén a 112-es gyárból származó T-34-es. Ezt a tankot a Bagratyion hadművelet során, 1944 nyarán Szolocsiv elővárosában tették harcképtelenné. A futógörgők gumibetétei az égés következtében teljesen elporladtak. Érdekesség, hogy ezt a páncélost 1941-es gyártása ellenére még a háború e késői szakaszában is használták. Nagyon ritka volt, hogy egy T-34-es ennyi időt megérjen, hiszen gyakran „egyszer használatos fegyvernek" is nevezték rövid élettartama miatt.

Another T-34 from No. 112 Factory. This tank was made unfit for fight during the Operation Bagration in the summer of 1944, in the suburb of Solochiv. The rubber rims of the road wheels mouldered due to fire. Interesting, this tank was still used during the late war, even though it was produced in 1941. It was rare, that a T-34 would serve so long, since it was often referred to as a single use weapon because of its short life span.

Összegyűjtött harckocsik várnak az elszállításukra. A háttérben két T-60-as, egy feltehetően sztálingrádi gyártású traktor és egy BA páncélautó áll. A T-34-es döntött frontpáncélját megerősítették négy darab kiegészítő acéllemezzel, amelyeket 1942 elején alkalmaztak. A kép feltehetően a második harkovi csata (1942. május) után készült.

Collected tanks waiting for their transportation. Two T-60s, a tractor probably produced at Stalingrad, and a BA armoured car are standing in the background. The tilted frontal armour plate was strengthened with an applique armour set, which consists of four pieces and was used in early 1942. The photo was most likely taken after the second battle of Kharkov (May 1942).

Fent és jobbra: Két képet láthatunk egy mocsaras területen ragadt T-34-esről. A kettő periszkóppal ellátott hegesztett torony alapján 1941-ben gyárthatták Harkovban. A bal oldalon lévő összes futógörgő leszakadt a helyéről, így láthatóvá vált a felfüggesztés, és megfigyelhető továbbá a belső üzemanyagtartály elhelyezkedése is. Külön felhívnám a figyelmet a tetőpáncélzaton lévő ventillátor zsanéros kivitelezésére.

Above and right: Two photographs of a T-34 stuck in a swamp. Based on the welded turret with double periscopes, these were probably produced in 1941 at Kharkov. All of the wheels on the left side tore off, so it is possible to see the suspension. Note the placement of the internal fuel tank. Pay close attention to the ventilators, fixed with hinges to the roof.

Fent és jobbra: Két felvétel egy 1942-es gyártású, kilőtt gorkiji T-34-esről. A tornyot és a test frontpáncélját kiegészítő páncélzattal látták el, amit Leningrádban a 28-as számú üzemben terveztek 1942-ben.

Above and right: Two photographs of an abandoned Krasnoye Sormovo T-34, produced in 1942. The turret and the frontal plate have an applique armour set, which was designed in the No. 28 Factory at Leningrad in 1942.

Hasonlóan az előzőhöz ez a T-34-es is egy 1942-es modell, ami a 112-es számú gyárból származik. Ezt is kiegészítő páncélzattal látták el, és ugyan azon a helyen, illetve időpontban lőtték ki őket. Szembetűnő különbség a lánctalpak eltérő típusa, mivel fent az 550 mm széles „wafer", amíg az előző képeken egy korábbi változatot láthatunk.

Same as the previous, this T-34 is also a 1942 version from the No. 112 Factory. This was also given an applique armour set, and was knocked out at the same time and place. An obvious difference is the mounted track's various types. Above we can see a 550 mm wide wafer track, while on the previous two photos an earlier track model.

Fent egy 1942-es típusú gorkiji T-34-est láthatunk, amelyet 6 km-rel Pleskonyev település előtt kaptak lencsevégre. A tornyon számozás és a „Komszomolec…" felirat töredéke olvasható. A Komszomol szó a Kommunista Ifjak Szövetsége nevű szervezetet jelenti. A háború alatt a Gorkijban összeszerelt harckocsik túlnyomó részét el tudták látni gumiperemes futógörgőkkel, ellentétben például a sztálingrádi vagy a nyizsnyij tagili üzemekkel.

A 1942 model of a T-34 assembled at Gorky. The photograph was taken 6 km from the town of Pleskonev. The „Komsomol" label and turret number are readable on the turret. The word Komsomol refers to the All-Union Leninist Young Communist League. During the war, the largest parts of the assembled tanks at Gorky were equipped with rubber rimmed wheels, compared to the Stalingrad or Nizhniy Tagil factories.

Author's Collection

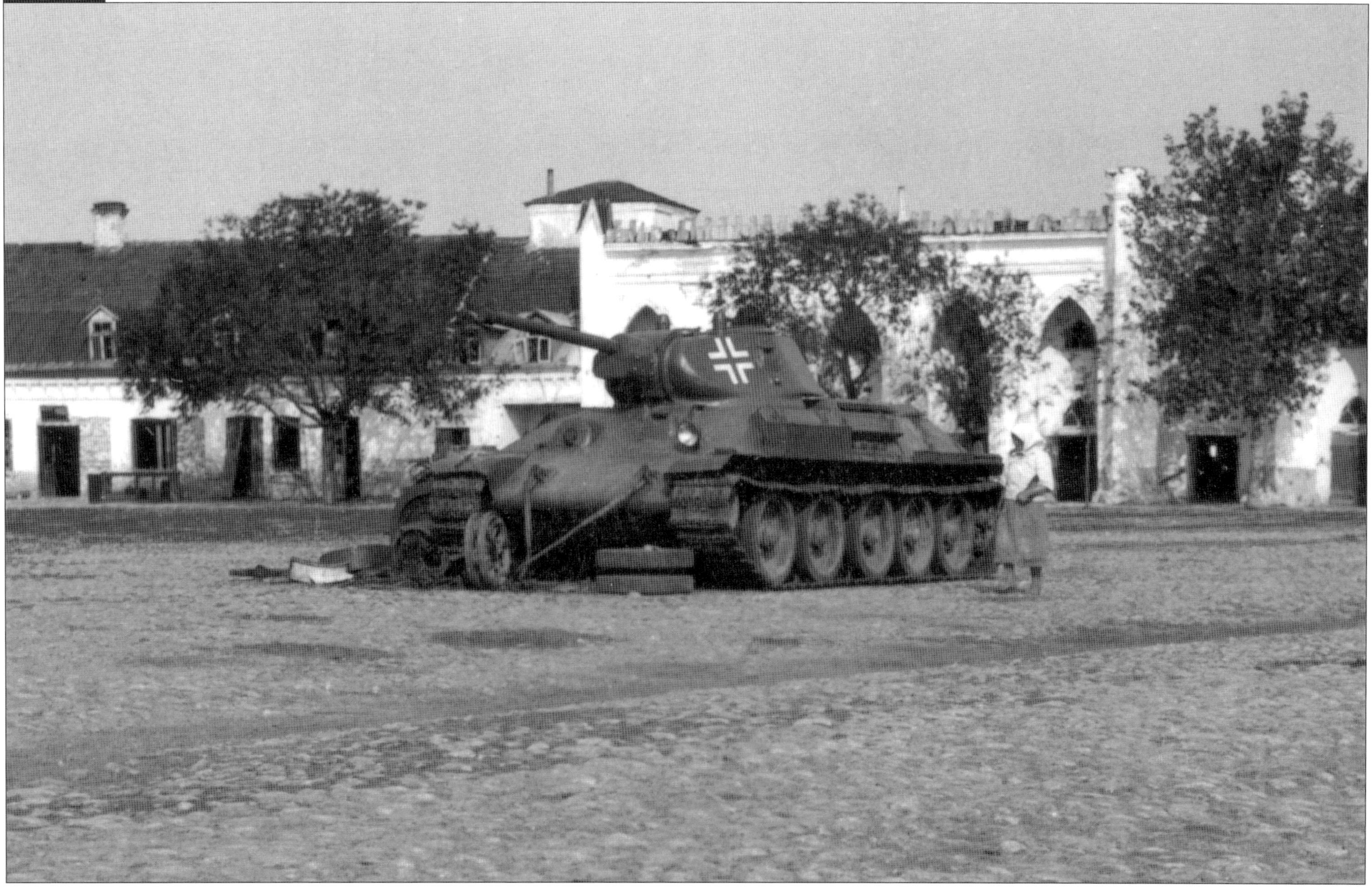

▲
Vontatásra előkészített korai, 1941-es harkovi változat német felségjelzésű, kettő periszkópos, öntött toronnyal Lepinszk városában. A kép alapján a jobb oldali lánctalp, illetve futógörgők sérülhettek meg.

▲
Prepared for towing, an early 1941 model of a T-34 manufactured at Kharkov is fitted with cast double periscope turret in German service at Lepinsk. Maybe the right hand side track and wheels were damaged.

Megsemmisített korai harkovi T-34-es, amit egy robbanás darabjaira szakított szét. Ennek következtében a torony fejjel lefelé zuhant vissza a páncéltestre. A T-34/76-os típusokkal sokkal gyakrabban fordultak elő hasonló események, mint a T-34/85-ösökkel, amiknek tornyát 2 cm vastag csavarokkal rögzítették a páncéltesthez. Figyeljük meg a tank előtt, a földön heverő parancsnoki és vezető búvónyílás fedelét a hozzá tartozó hidraulikával együtt.

An early, destroyed T-34 model from Kharkov, which was ripped apart by an internal explosion. Due to this the turret fell face downwards back onto its hull. Similar incidences occured more often with the T-34/76 versions like the T-34/85s, because their turret was fixed with 2 cm thick screws to the hull. Note the turret's and the driver's hatch, with its hydraulic cylinder laying on the ground infront of the tank.

Fent és jobbra: Korai, sztálingrádi gyártású T-34-es, háttérben egy lángszórós KV harckocsival a háború vége felé. A fényképek 1944 júliusában készültek a Bagratyion hadművelet alatt, de más források ennek a jelenetnek az időbeli elhelyezését 1942 őszére teszik. Ez az időpont igen csak kérdéses, mivel a gyűjteményemben szereplő eredeti felvétel hátoldalán a kép készítőjének kézírásával a fenti dátum szerepel.

Above and right: Early T-34 produced at Stalingrad, in the background with a flamethrower KV heavy tank towards the end of the war. These pictures were taken during the Operation Bagration in July of 1944, but in other researches the fall of 1942 is readable. This date is questionable, since the first date is written on the back of the original photograph in my collection with the photographer's own hand writting.

Author's Collection

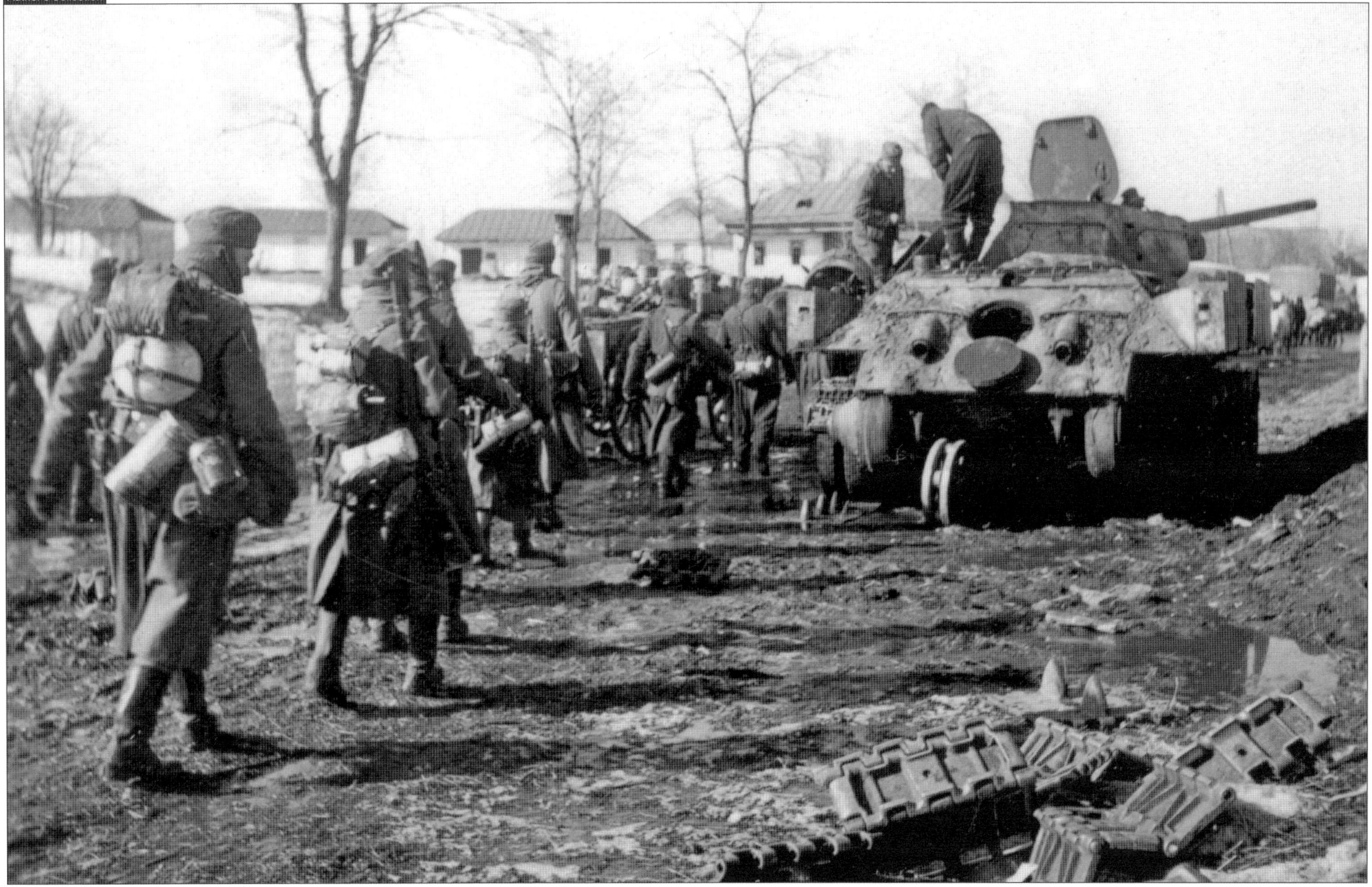

A képen egy a 112-es számú üzemben gyártott T-34-es, kutatásom során eddig ismeretlen változata látható. Legvalószínűbb, hogy ez egy 1943-as modell és a jobb-, illetve bal oldali felépítmény egy kiegészítő oldalsó páncélzat, amely a gyár válasza volt az 1942-ben megjelent német 7,5 cm-es hosszúcsövű harckocsiágyúkra és a Tiger nehézpáncélosokra.

During my research, sofar an unknown version of a T-34 produced in No. 112 Factory is visible. It is most possible that this was manufactured in 1943, and its right- and left side were upgraded with additional armour plates. This was the answer from the plant to the 1942 appeared new long barreled 7,5 cm German tank guns and Tiger heavy tanks.

Két gyalogos katona halad el egy nyizsnyij tagili, hatszögletes toronnyal ellátott T-34-es mellett 1942 kora őszén, amit egységük a volhovi fronton, Leningrád felszabadításáért folytatott heves harcok során tett harcképtelenné.

Two infantry soldiers passing by a T-34 fitted with hexagonal turret, knocked out by their own unit on the Volchov Front, during the battles for liberation of Leningrad. This tank was produced at Nizhniy Tagil early fall of 1942.

A gyorsabb és olcsóbb gyárthatóság, illetve a kezelőszemélyzet komfortérzetének javítása céljából 1942-ben újratervezték a T-34-es tornyát. 1942 nyarán-őszén jelentek meg az első nagyobb hatszögletű toronnyal ellátott változatok. Ezeken még nem helyezték el az oldalsó kinézőnyílás alatti pisztolylőrést, mint azt a fenti képen is láthatjuk.

The T-34's turret was redesigned in 1942, for the interest of faster and cheaper production, and bettering the crew's comfort feeling. The first models with bigger hexagonal turrets arrived to the battlefield during the summer-fall of 1942. The pistol ports under the eyelets weren't placed, as on the above picture.

Author's Collection

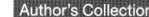

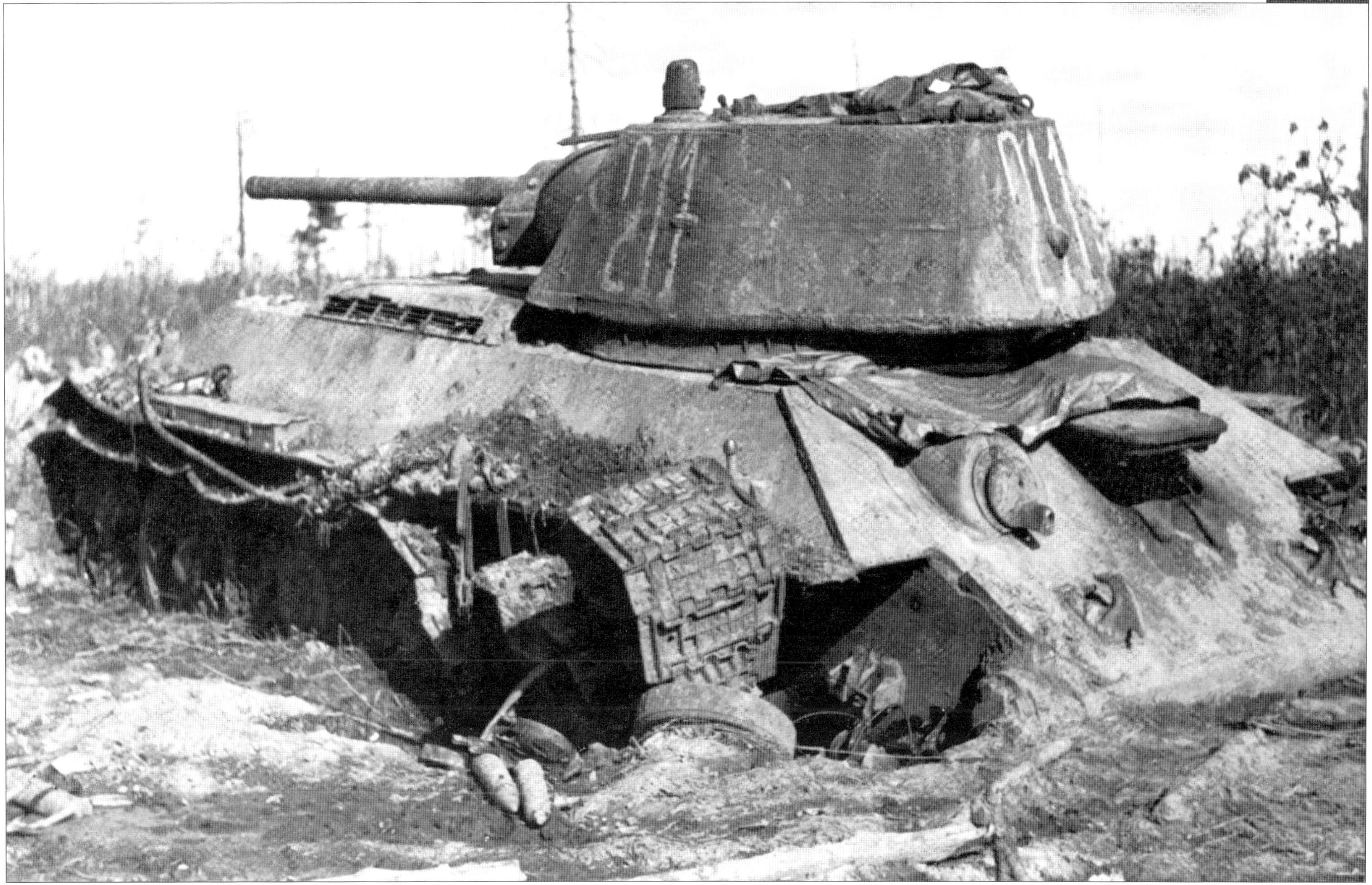

Mint az előző oldalon, ez is egy korai hatszögletes tornyú T-34-es. Feltehetően mindkét páncélost Nyizsnyij Tagilban gyártották, és a toronyszám stílusa alapján egy egységben szolgálhattak. Az 1942 őszétől előállított T-34-eseket igen nehéz gyárak szerint beazosítani, mivel azokon a korábbiakkal ellentétben nagyon kevés eltérő ismertetőjegyet lehet felfedezni, és csak egy adott nézőpontból válnak láthatóvá.

As seen on the previous page, this is also a T-34 fitted with an early hexagonal turret. Both tanks were most likely manufactured at Nizhniy Tagil, and based on the turret number's style they served in the same unit. It's difficult to identify which factory assembled those T-34s that were produced from the fall of 1942, because few different marks are visible, and can only be seen from one point of view.

Korai, éleskontúros hatszögletű toronnyal ellátott T-34-es. A pisztolylőrés hiányzik. A jobb oldali sárvédő lemezre nyírfatörzset erősítettek, amit az önvontatásnál használtak. A test frontpáncélja kiegészítő páncélzatot kapott.

T-34 fitted with an early hardedge hexagonal turret. A birch log was fastened onto the right hand side that was used for selftraction. The pistol ports are missing and the frontal armour plate received additional armour.

Kiégett T-34-es Proletarszk városa mellett 1943 első hónapjaiban. Mint az a képen is látható, ez a hatszögletű torony már az úgynevezett átmenetes ("softedge") változat, ami 1943 elejétől jelent meg a harctéren. Eddig az időpontig csak az éleskontúros ("hardedge") típust gyártották.

A burned out T-34 near Proletarsk in the first months of 1943. As you can see in this picture, this hexagonal turret is already the softedge version, which appeared on the battlefield from the beginning of 1943. Until this date, only the hardedge turrets were in production.

Fent és jobbra: 1942 őszi UZTM gyártású T-34-es. A szverdlovszki üzemből összesen csupán 719 darab (orosz források alapján 736 darab) T-34-es gördült ki a háború alatt 1943 őszéig. Ekkor ugyanis beszüntették a gyártást és átálltak az önjáró lövegek termelésére. Érdekesség a hátsó páncéllemezen elhelyezett pótüzemanyagtartály, amelyet először a cseljabinszki üzemben alkalmaztak és később a többi gyár is átvett.

Above and right: An UZTM T-34 produced in the fall of 1942. Altogether only 719 (according to Russian resources 736) T-34s rolled out from the factory in Sverdlovsk during the war until the fall of 1943. Then they stopped the production and went over to assembling self-propelled guns. Notice the rear external fuel storage, which was firstly used in the factory of Chelyabinsk, and later other factories took over.

Author's Collection

Ez az UTZ (Nyizsnyij Tagil) változat a hátsó páncéllemezre erősített szögletes póttartályok alapján 1943-ban készülhetett. A németek ezt a típust „Mickey Mousenak" nevezték el a két kerek búvónyílás miatt. Érdekesség a háttérben várakozó angol gyártmányú Bedford teherautó.

Based on the angular external fuel tanks mounted on the rear armour plate of this UTZ (Nizhniy Tagil) model, this T-34 was probably produced in 1943. The Germans named this version Mickey Mouse due to the two round hatches. An English Bedford truck is standing in the background.

Bombatölcsérben rekedt korai hatszögletes tornyú T-34-es. A páncéltesten kopott álcázó festés, a tornyon két eltérő stílusú számozás és a tetőpáncélzaton a légi egységek részére felfestett megkülönböztető jelzés látható. Ennek a jelzésnek az ismételt alkalmazását az tette lehetővé, hogy 1943-ban a szovjet légierő folyamatosan kezdte átvenni a kezdeményezést a német Luftwaffe-tól.

T-34 fitted with early hexagonal turret, stuck in a bomb crater. You can see the worn camouflage painting on the hull, the two different style numbering on the turret, and a painted sign on the roof for the friendly airforce. The repeated use of this symbol was possible, because the Soviet Airforce could continuously take over the initiative from the German Luftwaffe in 1943.

Két hátrahagyott, a 183-as számú üzemben gyártott T-34-es Harkov utcáin. A harmadik harkovi csata 1943. február 19-től március 25-ig tartott és az itt zsákmányolt hadra fogható tankokat a németek megjavították és hadrendbe állították saját seregtestjeiknél.

Two abandoned T-34s product of No. 183 Factory, on the streets of Kharkov. The third battle of Kharkov lasted from February 19, 1943 to March 25. The able to fight captured tanks were repaired and used by the German units.

Romos harkovi téglaépület előtt álló T-34-es, korai hatszögletű toronnyal. A hatótávolság megnövelése érdekében hátsó pótüzemanyagtartályokat szereltek fel rá. A csőtorkolatban látható tárgy valószínűleg egy lövedék, amit fordítva helyeztek a lövegcsőbe.

A T-34 fitted with early hexagonal turret is standing before a ruined brick building at Kharkov. Additional rear fuel tanks were mounted on, to increase the range of the tank. An object can be seen in the gun barrel's muzzle, which is an ammunition placed reversely.

Fent, jobbra, 74. oldal: Harckocsi temetővé változott táj a Volhovi Fronton. 1943 januárjában a szovjet erők újabb támadást indítottak Leningrád felszabadításáért. A németek, kihasználva a kedvező terepviszonyokat kemény ellenállást tanúsítottak és számos páncélost lőttek ki. A T-34-es egy UTZ változat, amíg a háttérben két T-60-as látható.

Above, right, page 74: Tank cemetery on the Volkhov Front. The Soviet forces launched an attack to liberate Leningrad in January 1943. Taking advantage of the terrain feature the Germans knocked out numerous Soviet tanks. The T-34 is an UTZ version, but two T-60s can be seen in the background.

Aknára futott, éleskontúros, hatszögletű toronnyal ellátott T-34-es. A robbanás következtében letört a lövegcső vége. Hiányzik az első futógörgő, a láncmeghajtó-, illetve a láncfeszítő kerék.

T-34 fitted with hardedge hexagonal turret, damaged by a mine. Due to the explosion the gun barrel broke. The first road wheel, the idler wheel, and the drive sprocket are missing.

Ezt a cseljabinszki (CzKZ) változatot „wafer" lánctalppal szerelték fel. A torony jobb oldalán lévő Pozsárszkij felirat vörös színű. (Dimitrij Mihajlovics Pozsárszkij orosz herceg vezette a 17. század elején a lengyel-litván uralom ellen irányuló népi felkelést.) A tornyon látható taktikai jelzés egy félbe osztott kör, aminek a felső részében egy cirill „E" betű az alsó részében pedig a 298-as szám áll.

This CzKZ version was mounted with wafer type tracks. The Pozharsky label on the right side of the turret was painted red. (Dmitry Mikhayovics Pozharsky led the fight for independence against Polish-Lithuanian invasion in the early 17th century.) The tactical symbol is a circle split in half, with a cyrillic letter „E" in the upper half, and number 298 in the bottom half.

A fenti T-34-es is egy CzKZ típus átmenetes hatszögletű toronnyal, amelynek lövegcsövét felrobbantotta a visszavonuló kezelőszemélyzet. A taktikai jelzés csupán a számozásban tér el az előzőhöz képest. Érdekesség, hogy a cseljabinszki üzem kiérdemelte a Tankograd azaz Tankváros becenevet, noha annak gyártási volumene meg sem közelítette a nyizsnyij tagili vagy a gorkiji üzemekét.

The above T-34 is also a CzKZ type, fitted with softedge hexagonal turret. The crew blew up the gun barrel. The tactical symbol is different in the numbering as opposed to the previous one. Interesting, that the plant at Chelyabinsk deserved the Tankograd (Tankcity) nickname, since its total produced amount wasn't even close to reaching the Nizhniy Tagil and Gorky factories' volume.

Érdekes fénykép az erdőben hátrahagyott 1943-as gyártású T-34-esről. A teljes lövegpajzs hiányzik és a lövegcső is eltört a csőfarnál. 1943-ban a nyizsnyij tagili üzemben összesen 7466 darab T-34/76-ost gyártottak le. Ez abszolút rekordnak számít, hiszen egyik gyár sem adott át a Vörös Hadseregnek ennél több T-34-est ugyanebből a típusból egy év alatt.

Interesting photo of a T-34 produced in 1943, abandoned in a forest. The gun mantlet is missing and the gun barrel is broken by the gun breech. Altogether 7466 pieces of T-34/76 were produced at Nizhniy Tagil during 1943. This was considered a record, because no other factory has delivered more of this T-34 version in one year to the Red Army.

Német csapatok vontatnak egy zsákmányolt, harcképes OT-34-est. Ebből a speciálisan közelharcra, a gyalogság közvetlen támogatására tervezett lángszórós változatból összesen 1170 darab készült a háború alatt. A képen látható példányt 1943-ban a 112-es számú üzemben, Gorkijban gyártották.

German units are towing a captured, able to fight OT-34. During the war, a total of 1170 of these flame thrower versions were built, which were designed for close combat. The tank in this picture was produced in No. 112 Factory at Gorky in 1943.

Author's Collection

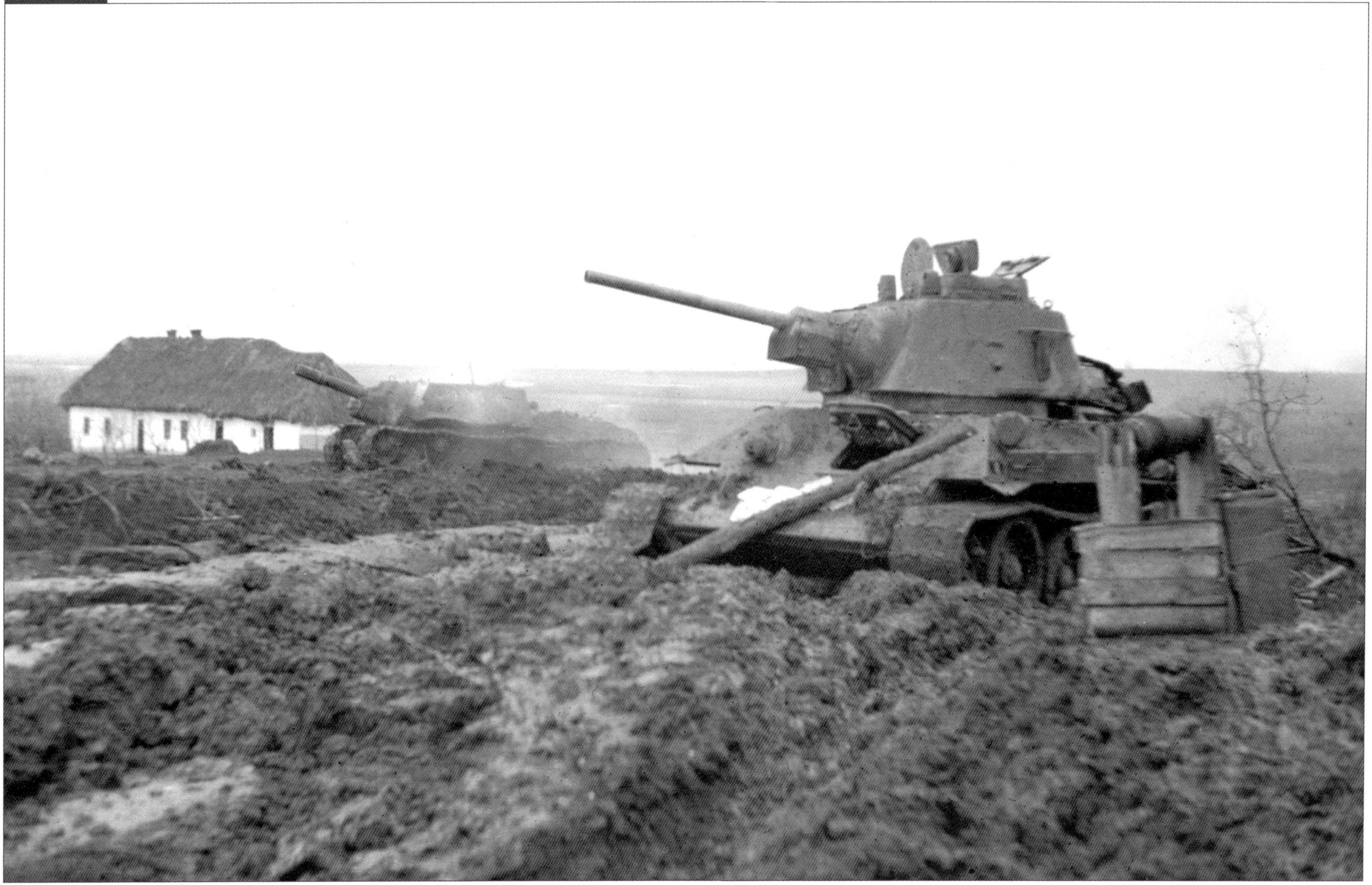

A képen egy másik OT-34-es látható 1943 őszén egy SzU-152-es önjáró löveg mellett. Mint az előzőt, ezt is parancsnoki kupolával és külső üzemanyag póttartályokkal szerelték fel.

In this picture you can see another OT-34 beside a SU-152 self-propelled gun in the fall of 1943. Like the previous tank, this was also mounted with commander cupola and external fuel tanks.

1942. október Voronyezs. Hatszögletű, éleskontúros toronnyal szerelt, 1942-ben gyártott UTZ T-34-es német szolgálatban. A motortérben keletkezett tűz nyomai fellelhetőek a páncéltest hátsó részén.

Voronezh, October 1942. T-34, product of UTZ factory, fitted with hardedge hexagonal turret in German service. Traces of fire which started in the engine compartment can be found on the back of the hull.

Német fogat halad el egy, az útszéli árokban lángoló „Mickey Mouse" 1943-as UTZ T-34-es mellett. A 994-es toronyszámot a kapaszkodó alá festették fel.

German carriage passing by a roadside ditch, where a „Mickey Mouse" UTZ version of a T-34 produced in 1943 is burning. The 994 turret number was painted under the hand rails.

Ezt a 183-as számú üzemben 1943 első felében gyártott T-34-est Tomarovkában lőtte ki a II. SS páncélos hadtest harckocsija. Az egyik találat a jobb oldali pótüzemanyagtartálynál érte 1943 júliusában, a Kurszki csatában.

This T-34 produced in the first half of 1943, in No. 183 Factory was knocked out by one of the II. SS Panzer-Corps' tanks at Tomarovka. One of the hits reached the hull by the external fuel tank during the battle of Kursk in July 1943.

Author's Collection

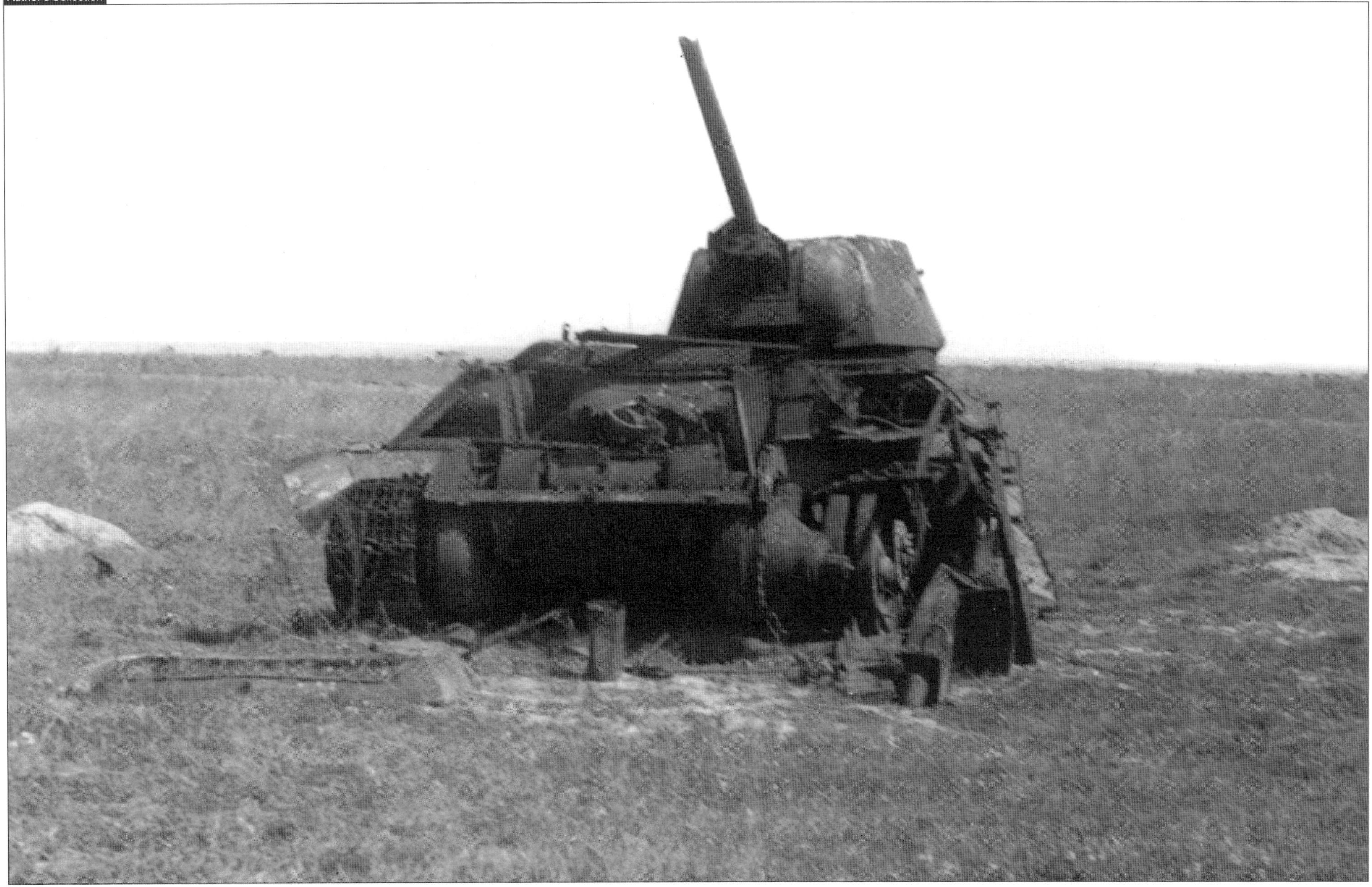

Mint az előző T-34-est, ezt is 1943 júliusában semmisítették meg a német csapatok a kurszki csata idején. Azonban ez a kép a kurszki kiszögelléstől kicsit északabbra, Orjol térségében készült a szovjet ellencsapáskor.

Like the previous T-34, this was also destroyed by the German units in July of 1943 at Kursk. However, this picture was taken during the Soviet counter attack north of the Kursk salient, in the area of Orel.

Ingoványos területen hátrahagyott UTZ T-34-es hatszögletű, átmenetes toronnyal. Jobb- és bal oldalon is látható egy-egy Maxim géppuskaheveder. A torony hátsó és oldalsó lemezére két különböző számot festettek; 128 és 134.

UTZ version of a T-34 abandoned on a swampy field, fitted with softedge hexagonal turret. You can see a Maxim machine gun ammunition belt on both sides of the hull. Two different numbers (128 and 134) were painted on the turret's rear and side plate.

Kilőtt orosz harcjárművek gyűjtőhelye valahol Ukrajnában. Két T-34-es és két T-70-es várja további sorsát. A mozdítható alkatrészek nagy részét már leszerelték róluk. Az előtérben lévő T-34-es hatszögletű, éleskontúros tornyán a 45-11-es számozás áll.

Collecting point for captured equipment somewhere in Ukraine. Two T-34s and two T-70s waiting for their fate. Most of the movable parts have been dismantled. In the foreground standing T-34's hardedge turret has the 45-11 numbering.

Német lovas katona szemléli a 183-as számú üzemben összeszerelt T-34-es lövegcsövét. A torony három részből van összehegesztve. Figyeljük meg a rajta lévő jelöléseket; tisztázatlan, hogy milyen okból festették fel azokat fejjel lefelé. Ha megfordítjuk őket, egyértelműen kiolvasható a 237•44-es szám. A torony bal alsó sarkában lévő „B" betű annak gyártójára utal.

German cavalier soldier looking at the T-34's gun barrel. The tank has a three-part turret. Pay attention to the signs on the turret, it's unknown why they were painted upside down. If rotated at a 180 degree angle, the 237•44 numbering will be clearly readable. The „B" character on the turret's bottom left corner refers to its producer.

Fent, jobbra, és a 90. oldalon: A szovjet harckocsizók gyakran festették tankjuk tornyára a Szovjetúnió hőseinek nevét. Ezen a hatszögletű, átmenetes, három részből álló tornyon a „Komisszár Pozsárszkij" felirat áll. Látható az összeillesztés helyén lévő vízszintes csík. A személyzet megpróbált valamin áthajtani, ami felrobbant, és a két jobb hátsó futógörgő a láncmeghajtó kerékkel együtt leszakadt. A hátsó szerelőnyílás fölé erősített fémtartók rendeltetési célja ismeretlen, ám azok megegyeznek az oldalsó pótüzemanyagtartó hevederjeivel.

Above, left and page 90: The Soviet crewmen often painted the Sovietunion's heroes names onto their tank's turret. The Kommissar Pozharsky label is visible on this softedge hexagonal three-part turret. You can see the horizontal line where the up and down part was welded together. The crew tried to drive over something which exploded and the two right rear road wheels along with the drive sprocket tore off. Steel brackets were fastened above the rear hatch, however its function is unknown, but they look the same as the fittings of the external side fuel tanks.

A fenti T-34-es tornyán egy név olvasható. Dimitrij Donszkoj, moszkvai fejedelem, aki arról vált híressé, hogy 1378-ban Kulikovónál megverte a mongol seregeket. A lövegcső vége kissé elgörbült. A görgőkiosztás alapján ez egy UTZ változat.

On the above T-34's turret a name is readable. Dimitrij Donskoj, Grand Duke of Moscow, who became known for defeating the Mongolian army at Kulikovo in 1378. The end of the gun barrel is slightly bent. Based on the mixed road wheels this is an UTZ version.

Figyeljük meg a kevert futógörgőket. Az 1., 3., és 5. késői gumiperemmel ellátott, a 2. és 4. tömör fémgörgők. A tornyon két periszkópot helyeztek el. A bal oldali PT-4-7-est a töltőkezelő, a jobb oldali PT-K-t pedig a parancsnok használta. A gyártási idő feltehetően 1943 végén lehetett, mivel 1944. elején a töltőkezelő periszkópját kicserélték az MK-4-es típusra.

Note the mixed road wheels. The 1st, 3rd and 5th are late style rubber rimmed road wheels, the 2nd and 4th are full-steel road wheels. Two periscopes were placed on the turret's roof. The left PT-4-7 was used by the loader and the right PT-K by the commander. This tank was most likely produced in late 1943 because the loader's periscope was changed up to MK-4 type in early 1944.

Ezt a T-34-est 1944 márciusában lőtték ki a német csapatok Jobbparti Ukrajnában a Dnyeper folyótól nyugatra. Érdekes a tornyon lévő taktikai jelzés, amely egy körben elhelyezett, két részre osztott, csúcsára állított négyzet alakból áll, a felső részben 109-es számjeggyel. Egyes források szerint ez a T-34-es a 109. harckocsi-dandárban szolgált.

This T-34 was knocked out by the Germans in Right-bank Ukraine, west of the Dnieper river in March 1944. The tactical symbol is interesting, which is an encircled rhombus split in half with the number 109. According to other resources, this T-34 belonged to the 109th Tank Brigade.

A fenti kép 1944. február-április között készült a narvai híd-főállás felszámolásáért folytatott harcok során. Az 1943-as típusú T-34-es mögött egy SzU-152-es rohamlöveg látható. Az itt folyó küzdelemben több európai önkéntesekből álló Waffen-SS hadosztály is részt vett.

The above picture was taken between February-April of 1944 during the battles for Narva bridgehead. Behind the 1943 model T-34, a SU-152 self-propelled gun can be seen. Waffen-SS divisions consisting of numerous european volunteers took part in these fights.

Két PT-3 aknamentesítő változat. Az előtérben egy préselt tornyú UZTM, amíg a háttérben egy a 112-es gyárból származó T-34-est láthatunk. Ezt a speciális típust 1943 áprilisától gyártották és az első harci bevetésük Kurszknál történt.

Two T-34s with PT-3 mine rollers. In the foreground an UZTM version with pressed turret, while in the background a T-34 produced in the No. 112 Factory are standing. This special version was produced from April 1943 and their first deployment happened at Kursk.

A fenti 1942-es UTZ T-34-est 1944-ben semmisítette meg a 210. Sturmgeschütz-Abteilung (210. rohamlöveg osztály). A tornyon nincsenek pisztolylőrések és megfigyelhető a toronygyűrű bordázata. A taktikai jelzés kör alakú. A felső részén egy cirill „E" betű, alul a 323-as számjegy látható. Bár a tankról már hiányoznak a hátsó pótüzemanyagtartályok, azok szerelvényei még felismerhetőek a sárvédők mellett.

This 1942 version of an UTZ T-34 was destroyed by the 210. Sturmgeschütz-Abteilung (210. assault gun battalion) during 1944. The turret has no pistol ports and the ribs of the turret ring are visible. The tactical symbol is a circular shape. On the upper part a cyrillic letter „E" and below the 323 number is noticable. Although the tank's external rear fuel storages are missing, its fittings are visible beside the fenders.

Zsákmányolt „Mickey Mouse" T-34-es és egy Panzer III-as kettőse a harcok szünetében. A Panzer III-as egy érdekes hibrid harckocsi; amíg a test egy korai J változat, addig a torony a legkorábbi 5 cm-es löveggel szerelt G altípus.

Dual of a captured „Mickey Mouse" T-34 and Panzer III in the interval of the fights. The Panzer III is an interesting hibrid tank; while the hull is an early Ausf. J version, the turret is an early Ausf. G armed with 5 cm gun.

A motorházból felszálló sűrű füst arra utal, hogy ez a T-34-es motorhiba következtében vált mozgásképtelenné. Bár a németek hatalmas „balkenkreuz"-okat festettek a zsákmányolt tankokra, mégis előfordult, hogy saját egységeik tévesen azonosították és tűz alá vették őket.

Thick smoke rising from the engine compartment implies, that due to engine trouble this T-34 became immobile. Even though the Germans painted huge Balkenkreuzs onto the captured tanks, it still happened that their own units mistakenly identified and fired at them.

T-34/85

Author's Collection

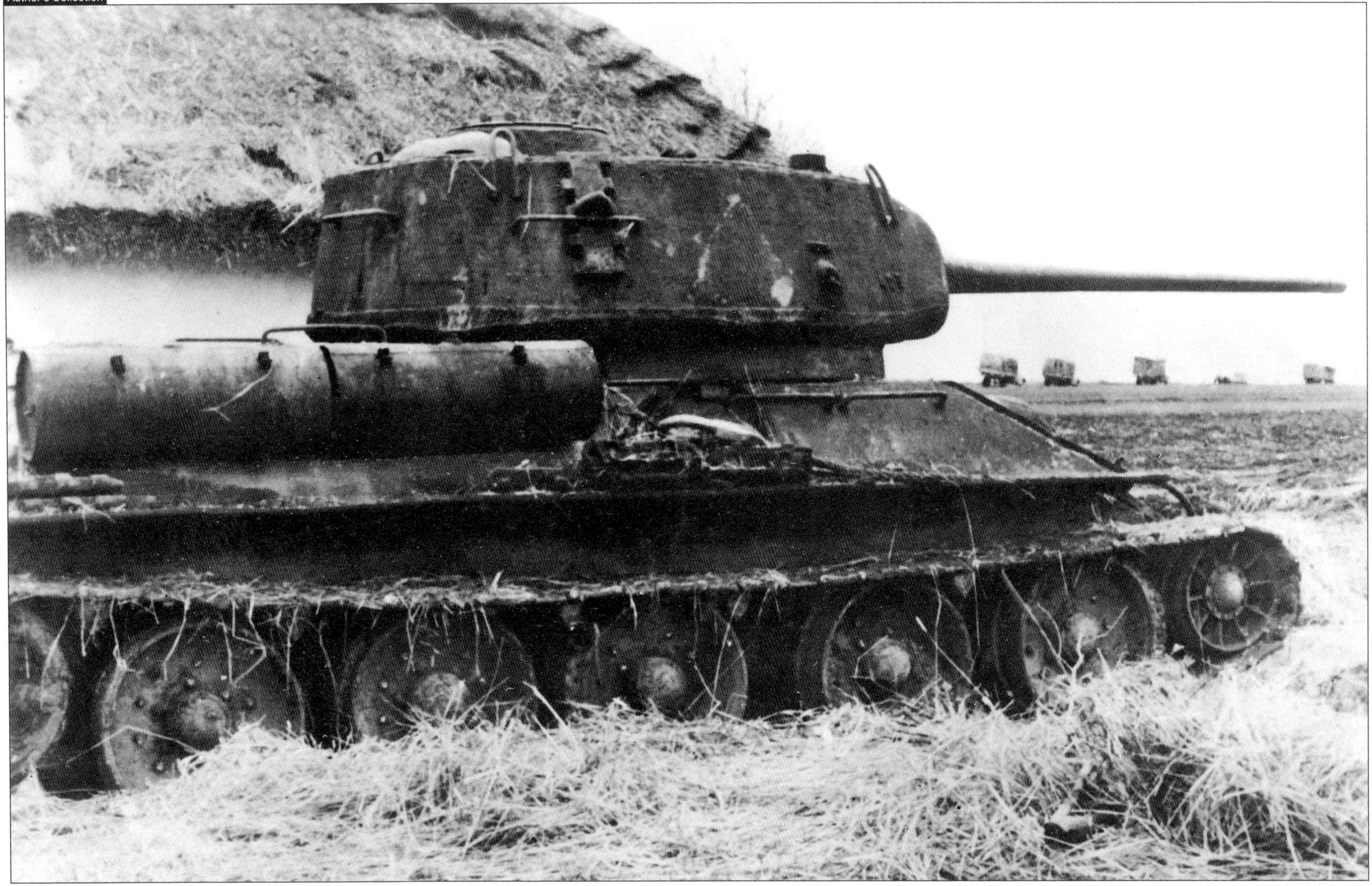

▲
A német Wehrmacht egyik legkorábbi találkozása az új T-34/85-össel. A kép 1944 májusában készült a keleti front déli részén. Az első példányokat D-5-ös löveggel szerelték fel a 112-es számú üzemben. Jellegzetes a torony tetején lévő fordított „U" alakú emelőgyűrű.

▲
One of the first contacts for the Germans with the new T-34/85. The photo was taken in May 1944, south of the Eastern Front. These first tanks were assembled with D-5 guns in the No. 112 Factory. The upside down „U" form lifting rings are characteristics on the turret's roof.

A fenti képen egy szintén Gorkijban gyártott T-34/85-ös látható. Ellentétben az előzővel, ezt már az áttervezett toronnyal látták el. A parancsnoki kupola átkerült a tetőpáncélzat hátsó részére és lecserélték a D-5-ös löveget az S-53-asra. Ezt a harckocsit a Közép-Hadseregcsoport kötelékeiben szolgáló 210. Sturmgeschütz-Abteilung (210. rohamlöveg osztály) semmisítette meg 1944 nyarán.

In the above picture a T-34/85 also produced at Gorky is visible. Opposite the previous one, this one was mounted with a redesigned turret. The commander's cupola was relocated to the back of the turret's roof and the D-5 gun was changed to the S-53. This tank was destroyed by the 210. Sturmgeschütz-Abteilung (210. assault gun battalion) in the summer of 1944, which belonged to the Army Group Center (Heeresgruppe-Mitte).

Egy az 1944 nyarán Pskov és Opocska közötti harcokban a Sturmgeschütz-Brigade 912 (912. rohamlöveg dandár) által kilőtt T-34/85-ös.

A T-34/85 knocked out by the Sturmgeschütz-Brigade 912 (912. assault gun brigade), in the summer of 1944 during the fights between Pskov and Opochka.

Egy a 183-as számú üzemben gyártott T-34-es, amelyet, a 177. Sturmgeschütz-Abteilung (177. rohamlöveg osztály) tett harcképtelenné Breszt-Litovszk mellett. A taktikai jelzés egy ötágú csillagból és a „P-87" karakterekből áll.

A T-34 produced in the No. 183 Factory, which was made unfit for fight by the 177. Sturmgeschütz-Abteilung (177. assault gun battalion) in the Brest-Litovsk area. The tactical sign consists of a five-branched star and „P-87" characters.

Fent és jobbra: Gorkiji T-34/85-ös darabjai terítik be a földet annak közvetlen környezetében. A páncéltest belseje a felismerhetetlenségig összeroncsolódott. A torony tetőlemeze teljes egészében hiányzik és oldalára bukva, félig a földbe fúródott lövegcsővel fekszik. Ezen a képen kiválóan megfigyelhetőek azok a 2 cm átmérőjű csavarok, amelyekkel a tornyot a test tetőpáncélzatához rögzítették.

Above and right: Remains of a T-34/85 produced at Gorky, scattered on the ground around it. The hull's interior is completely wrecked. The turret's roof is missing and laying on its side, with the gun barrel partly bored into the soil. In this picture you can clearly see the 2 cm diameter screws, with which the turret is fastened to the hull's roof.

Ezt a nyizsnyij tagili T-34-est a Großdeutschland páncélgránátos hadosztály semmisítette meg 1944 őszén Kelet-Poroszországban. Sajnos a tornyon látható taktikai jelzés jobb alsó része olvashatatlanná vált, ezért az egységet nem sikerült beazonosítani.

This T-34 produced at Nizhniy Tagil was destroyed by the Panzergrenadier Division Großdeutschland in East-Prussia during the fall of 1944. The bottom right part of the turret's tactical sign is unreadable, therefore the unit can't be identified.

A fenti képen szintén egy nyizsnyij tagili T-34/85-öst láthatunk. A 85 mm-es löveggel ellátott változatokat mindössze három különböző üzemben szerelték össze, ellentétben a T-34/76-ossal. Ezek a gorkiji 112-es számú, az omszki 174-es számú és a nyizsnyij tagili 183-as számú gyárak. Az együttesen termelt T-34/85-ösök száma 1944-ben elérte a 10536 darabot. Egyes források ezt a számot 11778 darabra teszik.

In the above picture you can also see a T-34/85 from Nizhniy Tagil. The versions armed with 85 mm guns were produced only in three different factories, compared to the T-34/76. These were the No. 112 Factory at Gorky, the No. 174 Factory at Omsk and the No. 183 Factory at Nizhniy Tagil. The total production of these three plants reached 10536 pieces in 1944. Some other resources are calculating with 11778 pieces.

Fent és jobbra: Két felvétel elöl-, illetve hátulnézetből két nyizsnyij tagili, 183-as számú üzemből származó T-34/85-ösről, amelyeket a 177. Sturmgeschütz-Abteilung lőtt ki. A 85 mm-es löveg tűzereje lehetővé tette a szovjetek számára, hogy eredményesen vegyék fel a harcot a német Panther és Tiger harckocsikkal, amelyek hatalmas veszteségeket okoztak a Vörös Hadseregnek.

Above and right: Two pictures displaying the front and back of two T-34/85s, products of the No. 183 Factory at Nizhniy Tagil, that were knocked out by the 177. Sturmgeschütz-Abteilung (177. assault gun battalion). The 85 mm gun's firepower made it possible to fight more effectively against the German Panther and Tiger tanks, which caused enormous losses for the Red Army.

A német Kavallerie-Brigade 4 (4. lovasdandár) lovasai vágtatnak el egy kiégett nyizsnyij tagili T-34/85-ös mellett. A felvétel 1945 januárjában készült Magyarországon. A vezető búvónyílása alá tartalék lánctagokat erősítettek.

Members of the German Kavallerie-Brigade 4 (4. cavalry brigade) are riding by a burned out T-34/85 produced at Nizhniy Tagil. The snapshot was taken in January 1945, Hungary. Spare track links were mounted under the driver's hatch.

Javításra váró, összegyűjtött szovjet páncélosok 1945 januárjában Magyarországon. A kép bal oldalán egy SzU-76-os, tőle jobbra egy T-34/85-ös és további különböző típusú harckocsik láthatóak. Figyeljük meg a T-34-es tornyára festett taktikai jelzést, amely arra utal, hogy ez a páncélos a szovjet 7. gépesített hadtest állományába, a 177. harckocsi ezredbe tartozott.

Waiting for repair, collected Soviet tanks in January 1945, Hungary. On the left side of the picture a SU-76 can be seen, right from that a T-34/85 and other various types of armoured fighting vehicles. Note the tactical sign painted on the T-34's turret, referring this tank served in the 7th Mechanised Corps, in the 177th Tank Brigade.

COMING SOON!